Gilbert Delahay
Malgorzata Dzierza

La farandole des animaux

Poésies et comptines

casterman

L'œuf

L'azur est comme un drap tout neuf :
pas un accroc, pas une pièce.
La poule vient de pondre un œuf
aussi léger qu'une caresse.

Mon poussin

Mon petit, mon poussin
couleur de renoncule,
pas plus gros que le poing,
qui roule et qu'on bouscule,
dans le pré, dans le bois,
me poursuit pas à pas :
« Explique-moi la rose
et la guêpe et le vent ! »
Il y a tant de choses
à voir au bout du champ !

Et ce sont des « pour qui ? »
et ce sont des « pourquoi ? »
Et la fourmi ceci,
et le renard cela.

On n'en finit jamais.
On n'en finirait pas
d'expliquer le monde
à ce poussin-là !

La tortue

Sachant que la terre était ronde,
elle courut avec lenteur.
Elle apprit le chemin par cœur
et fit cent fois le tour du monde.

Les éléphants

Ils ont bourlingué d'Afrique en Asie.
Ils ont la bedaine en cuir de Russie,
une queue derrière, une autre devant.
Sur leurs pieds tannés, le pantalon pend,
Car ils ont depuis perdu leurs bretelles.
Ils ont de l'ouate au fond des oreilles.
Ils ont traversé rivières, savanes,
connu la pirogue et l'aéroplane.
Et même ils ont vu, cela fait longtemps,
passer l'Empereur sur son cheval blanc.

La girafe

Elle inventa le télégraphe,
l'antenne et la télévision,
pour mieux savoir ce qui se passe
aux quatre coins de l'horizon.
Pour mieux entendre, pour mieux voir
sans périscope ni radar,
sans mirador, sans Tour Eiffel,
dans le sillage du soleil,
arriver le premier avion.

Oui mais, oui mais, comment fait-on,
quand on est tout petit garçon,
pour lui dire un mot à l'oreille ?

L'araignée

Piège le vent, tisse la toile
pour n'y épingler qu'une étoile.
Le temps court mais la vie est lente.
Sois la fileuse patiente !

Le rouge-gorge

Voici le visiteur têtu,
l'oiseau des paradis perdus,
le confident, l'ami fidèle,
quand les miroirs du temps se fêlent.

Le merle

Je suis voleur de bigarreaux.
Je conteste le protocole.
Je ne musarde qu'en argot,
n'ayant pas fréquenté l'école.

Ma chèvre

Elle fleurait bon la lavande,
le romarin que j'aime tant
et, sur le talus d'herbe tendre,
fumait la pipe à belles dents.

Ma chèvre avait l'œil militaire,
une barbiche de sergent,
un bleuet à la boutonnière
et le rire de d'Artagnan.

Le chat

Il a des yeux mimosa,
une robe de velours,
une langue en chocolat,
des moustaches tout autour.

Géomètre sur le mur,
il médite à petits pas,
compte, suppute et mesure
la hauteur juste du toit.

Quand tu rentres à la maison,
c'est l'heure d'aller dormir,
mais pour lui, jamais, sinon
où serait tout le plaisir ?

Car, même la nuit il voit
ce que tu entends à peine :
la souris dont le cœur bat,
les moineaux dans le poème.

La souris

C'est la souris trotte-menu
qui ne danse que les pieds nus,
mais nul n'a l'oreille assez fine
pour entendre la ballerine.
Dans les greniers du paradis,
elle grignote jour et nuit.
C'est la souris aux édredons
qui fait son ménage au balcon.
Une à une, les plumes tombent.
Il neige des fleurs de colombes.

Le chien

Ah ! le chien, mon ami fidèle !
S'il pouvait, il aurait des ailes
pour voler jusqu'à l'horizon
et me rapporter mes chaussons !

Le bourdon

Entendez-vous tout là-haut
le bonheur qui se balance
et fait résonner l'écho
dans le pommier du silence ?

C'est mon ami le bourdon
que le soleil emprisonne.
Il se prend pour un avion
qui ronronne, qui ronronne.

La libellule

Avec des ailes de mica,
une queue en polyester,
c'est fou le plaisir que l'on a
de voler en hélicoptère !

Le héron

C'est la foire dans le pré.
Le merle fait la réclame.
Le cirque vient d'arriver.
Approchez, Messieurs, Mesdames !

Vous verrez dans son cocon
la chenille qui se farde
Et Pico, le hérisson,
en costume de gendarme.

Applaudissez le crapaud
à la corde musicale,
le canard sur son vélo,
qui pédale, qui pédale.

Voici les criquets volants,
la mésange équilibriste
et, sur le bord de l'étang,
le héron unijambiste.

Le lézard

Flâner est un travail d'artiste.
Sommes lézards de père en fils.
Chacun son métier ici-bas,
qui lui va comme une chaussure :
l'un c'est le fer, l'autre le bois.
Nous polissons la pierre dure,
un peu d'azur entre les doigts.

Les oies

En peignoir, au sortir du bain,
elles font la chaîne en chemin.
De travers elles vous regardent,
le pied plat, la voix nasillarde.
Elles vont, les ailes bien droites,
se perdre sur la route étroite,
cahin-caha, qui les conduit
au royaume des étourdis.

Le caméléon

Quelqu'un changea de veston.
C'était le caméléon.
Depuis, il a fait fortune,
déguisé en clair de lune.

Le pic-vert

Le pic-vert,
avec sa foreuse,
creuse des trous dans les arbres
pour voir
s'il y a quelqu'un
à qui parler.

Le zèbre

Il voulut sortir du poème.
Il faut se faire une raison,
rester prisonnier de soi-même
et des barreaux qui tiennent bon.

On a beau dire, on a beau faire,
tu pourrais dépasser le vent,
même si tu cours ventre à terre,
on est zèbre, c'est pour longtemps.

L'auteur

Gilbert Delahaye est né à **Saint-Pierre-de-Franqueville** près de Rouen en 1923. Après une enfance passée à Dunkerque, il poursuit ses études à **Tournai** où ses parents s'installent définitivement.

Typographe de formation, il travaillera 30 ans à l'atelier de composition des Éditions Casterman. C'est dans cette maison qu'il crée en 1954 le personnage de **Martine** et publie le premier ouvrage de cette série à succès mondial dont il sera scénariste et coauteur avec l'illustrateur Marcel Marlier.

Mais sa véritable passion est la poésie. Il ne cessera de s'y consacrer et obtiendra de nombreuses récompenses littéraires dont le prix Jacques Prévert attribué en 1985 par la Fédération Nationale des Écrivains de France pour l'ensemble de son œuvre.

Gilbert Delahaye nous a quittés le 6 décembre 1997. Lui qui a tellement aimé les enfants est parti un jour de Saint-Nicolas, une manière de leur adresser un sourire de connivence.

Les poèmes repris dans cet ouvrage sont tous issus d'une plaquette intitulée **Du coq à l'âne,** publiée en 1978 par Unimuse et pour laquelle Gilbert Delahaye reçut le prix Albert Dauzat.

L'illustratrice

Malgorzata Dzierzawska est née il y a une quarantaine d'années en Pologne où elle a passé sa jeunesse.

Diplômée de l'École supérieure d'Arts visuels de la Cambre à Bruxelles, elle s'installe comme indépendante en 1979 et travaille pour diverses agences de publicité et différentes maisons d'édition telles Nathan, Bayard et Casterman pour laquelle elle a notamment illustré **Si on faisait la fête** et **Les Animaux du jardin**.